FELIZES
OS MISERICORDIOSOS

Frei Luiz Turra

FELIZES
OS MISERICORDIOSOS

Refletir, rezar, cantar e viver a misericórdia

Dados Internacionais de Catalogação na Publicação (CIP)
(Câmara Brasileira do Livro, SP, Brasil)

Turra, Luiz
    Felizes os misericordiosos : refletir, rezar, cantar e viver a misericórdia / Luiz Turra. – São Paulo : Paulinas, 2015.

Inclui CD.
ISBN 978-85-356-4019-9

1. Deus - Misericórdia 2. Misericórdia I. Título.

15-08589   CDD-241.699

Índice para catálogo sistemático:

1. Misericórdia : Cristianismo   241.699

Direção-geral: Bernadete Boff
Editora responsável: Vera Ivanise Bombonatto
Copidesque: Mônica Elaine G. S. da Costa
Coordenação de revisão: Marina Mendonça
Revisão: Sandra Sinzato
Gerente de produção: Felício Calegaro Neto
Projeto gráfico: Jéssica Diniz Souza
Imagem de capa: Bartolome Esteban Murillo

1ª edição – 2015
2ª reimpressão – 2016

Nenhuma parte desta obra poderá ser reproduzida ou transmitida por qualquer forma e/ou quaisquer meios (eletrônico ou mecânico, incluindo fotocópia e gravação) ou arquivada em qualquer sistema ou banco de dados sem permissão escrita da Editora. Direitos reservados.

Paulinas

Rua Dona Inácia Uchoa, 62
04110-020 – São Paulo – SP (Brasil)
Tel.: (11) 2125-3500
http://www.paulinas.org.br
editora@paulinas.com.br
Telemarketing e SAC: 0800-7010081

© Pia Sociedade Filhas de São Paulo – São Paulo, 2015

Ao Frei Luiz Turra,
nosso sincero e cordial agradecimento
pela feliz iniciativa desta obra,
que tem como objetivo colaborar para a celebração
e vivência do Ano da Misericórdia.
Agradecemos também pelo testemunho de vida
alicerçada na misericórdia
e pela frutuosa parceria no anúncio
do Evangelho de Jesus Cristo por meio da comunicação.

Irmãs Paulinas

SUMÁRIO

Introdução 9
A misericórdia de Deus no Antigo Testamento 11
A misericórdia de Deus no Novo Testamento 15
Misericordiosos como o Pai (Lc 6,36) 19
As obras de misericórdia 22
Vamos compor um hino à bondade 25
A urgência da misericórdia 28
Acordados para a misericórdia 31
Misericórdia e seu significado 34
Sintonizando com a misericórdia 37
A misericórdia tem rosto 40
A misericórdia abusada 43
Misericórdia: tirar o bem do mal 46
Igreja da misericórdia 49
Salve, Mãe da misericórdia! 52
Canções referentes à misericórdia 55
Oração oficial do Ano Santo da Misericórdia 65
Tradução do hino oficial do Ano da Misericórdia 67
Conclusão 69
Sobre o autor 71

INTRODUÇÃO

Com a única intenção de ajudar e colaborar neste movimento da divina e "eterna misericórdia" (Is 54,8), no qual a humanidade atual está envolvida e para o qual está sendo convocada, apresentamos este subsídio de reflexões, orações e canções. Indescritível e incomensurável é o tesouro escondido da misericórdia que o coração de Deus sempre dispõe, como graça e para a graça da vida. Em contrapartida, angustiante e complexa é a sede e a fome da humanidade atual, que anseia por curar feridas que maltratam a vida, a dignidade humana e a harmonia do universo.

Possivelmente, ao saber da convocação do Ano Santo Extraordinário, centrado na misericórdia, nos perguntamos: Por que o Papa Francisco surpreendeu a Igreja com esta iniciativa? Não haveria necessidade de olhar com mais atenção para outra temática? O que, de novo, a misericórdia pode nos oferecer?

Para os atentos observadores, a misericórdia já tinha sido refletida em profundidade na Encíclica *Dives in Misericordia*, de São João Paulo II. Em 1980, ele afirmava que o futuro da humanidade seria o tempo da misericórdia. O Papa Francisco iniciou-se como Bispo de Roma deixando claro que seria o Papa da misericórdia, seja pelo seu modo de ser, pelas suas ações, seja por sua mensagem.

Seu sonho de fé, esperança e amor é tornar sempre mais a Igreja misericordiosa.

No segundo aniversário de sua eleição, a 13 de março de 2015, Francisco anuncia oficialmente o Ano da Misericórdia, com o lema: "Misericordiosos como o Pai" (Lc 6,36). Há uma linguagem que está sensibilizando o mundo. Esta linguagem não chega pelos grandes discursos, ou pelas verdades dogmáticas, mas pela simplicidade, pela ternura, pelo acolhimento, pela aproximação, enfim, pela compaixão e misericórdia que Francisco comunica.

Como Cristo que não veio para condenar o mundo, mas para salvá-lo, assim Francisco mostra pelo testemunho que não veio para julgar nem condenar ninguém, mas para ir ao encontro de todos com o abraço da misericórdia. Esta porta humana dos gestos acolhedores, certamente, se torna um pressuposto para o anúncio da alegria do Evangelho.

A misericórdia é para a vida toda, em todos os tempos. Porém, é importante que nos seja dado este tempo especial para podermos refletir, rezar e cantar a riqueza da misericórdia que nos dignifica, nos cura e nos liberta, a fim de que possamos dignificar, curar e libertar a multidão que se acha à beira dos caminhos, hoje. O Pai do Filho pródigo nos chama também a sermos bons samaritanos de nosso tempo.

A MISERICÓRDIA DE DEUS NO ANTIGO TESTAMENTO

Deus misericordioso é o Deus da vida, sempre em prontidão para nos oferecer gratuitamente seu perdão, garantir seu encontro e nos possibilitar renascer como criaturas novas. Não é em vão que o primeiro dos termos hebraicos, com o qual se evoca a misericórdia no Antigo Testamento, aproxima-nos da simbologia do amor visceral. Este tem a ver com "seio materno" que gera vida. Este é também o sentimento íntimo e profundo que une pessoas por razões de sangue e coração. Depois que José viu Benjamin, "apressou-se em sair, porque suas entranhas se comoveram por seu irmão e as lágrimas lhe vinham aos olhos" (Gn 43,30).

Só um Deus apaixonado por nós é capaz de ser identificado com este amor entranhado e libertador. "Será Efraim para mim um filho tão querido, uma criança de tal forma preferida, que cada vez que falo nele quero ainda lembrar-me dele? É por isso que minhas entranhas se comovem por ele, que por ele transborda a minha ternura" (Jr 31,20).

O que nós entendemos por misericórdia de Deus, o Antigo Testamento expressa através de diversas expressões. Mesmo que cada palavra tenha singularidade, todas se aproximam para confirmar a relação amorosa de ternura e compaixão de Deus. Nenhuma miséria humana faz Deus desviar de nós o seu olhar. Jamais reprime, mas sempre anseia por libertar e dignificar. A misericórdia, como amor de Deus em ação, ultrapassa toda a compreensão humana e, consequentemente, não tem palavras que alcancem toda a profundidade. Evocamos algumas expressões e alguns textos do Antigo Testamento que podem demonstrar sinais da misericórdia.

- *Ele ouve o pobre que clama porque é misericordioso!* "Se tomares o manto do teu próximo em penhor, tu lhe restituirás, antes do pôr do sol. Porque é com ele que se cobre, é a veste de seu corpo: em que se deitaria? Se clamar a mim, eu o ouvirei, porque sou compassivo" (Ex 22,25).

- *Ele não abandona os que se revoltam.* "Mas nossos pais não obedeceram aos teus mandamentos. Esquecidos das maravilhas que havias feito por eles, conceberam o plano de voltar para o Egito, para a sua escravidão. Mas tu és o Deus do perdão, cheio de piedade e compaixão, lento para a cólera e cheio de amor: não os abandonaste!" (Ne 9,16-17).

- *Ele é fiel à Aliança.* "Javé, teu Deus é um Deus misericordioso: não te abandonará e não te destruirá, pois nunca vai se esquecer da Aliança que concluiu com teus pais por meio de um juramento" (Dt 4,31). "Ele, porém, compassivo perdoava as faltas e não os destruía" (Sl 78,38).

- *Ele é o Misericordioso* (Nome próprio de Deus). "E o povo suplicava ao Senhor Altíssimo, dirigia preces ao Misericordioso até que terminasse o serviço do Senhor e ter a honra de pronunciar o seu nome" (Eclo 50,19).

- *Ele é amor, compaixão:* "Olha desde o céu e vê, desde a tua morada santa e gloriosa. Onde está o teu zelo e o teu valor? A comoção de tuas entranhas e a tua compaixão para comigo foram recolhidas?" (Jr 63,15) "Por isso, assim diz Javé: Eu me volto para Jerusalém cheio de compaixão: meu templo será reconstruído..." (Zc 1,16). "Não recordes contra nós os erros passados. Tua piedade nos alcance depressa, pois estamos muito enfraquecidos" (Sl 79,8). "Que tua misericórdia venha a mim, e viverei, pois tua lei é meu prazer" (Sl 119,77).

- *Ele exerce misericórdia universal:* No último capítulo do livro de Jonas, destaca-se a universalidade da misericórdia de Deus. Ele tem piedade do Profeta, do povo arrependido de Nínive e até dos animais. Preocupa-se com as pessoas, inclusive com as criancinhas, "que não distinguem entre direita e esquerda".

- *Ele age conforme a sua misericórdia.* "Bendito sejas por me haverdes alegrado, por não ter sucedido o mal que temia, mas nos trataste segundo tua grande misericórdia" (Tb 8,16).

- *Ele não decepciona nossas esperanças:* "Vocês que temem ao Senhor, esperem na misericórdia dele, e não se desviem para não caírem... Vocês que temem ao Senhor, esperem dele os benefícios, a felicidade eterna e a misericórdia" (Eclo 2,7.9).

Quando o ser humano vive uma experiência de promissora favorabilidade; quando as pessoas se sentem envolvidas por um surpreendente amor; quando nos é indicado um novo caminho e nos é oferecida vida nova, no meio de nossas humanas misérias, não há palavras para expressar o que sentimos. Assim acontece na experiência do encontro com Deus misericordioso. O justo conceito de misericórdia faz-se pela confluência de uma riqueza e variedade de vocabulários que nos ajudam a acolhê-la como grande dom de amor para o resgate de nossa dignidade.

ORAÇÃO

Ó Deus Criador e Pai, Deus de Abraão, Isaac e Jacó, passam os dias e os anos, mas a vossa misericórdia permanece, porque é eterna. Vossos ouvidos estão sempre atentos ao clamor dos pobres! Vossos olhos se compadecem diante das misérias da humanidade! Mesmo sabendo das humanas revoltas e infidelidades, vós continuais fiel à Aliança, porque sois misericordioso. Vosso amor e compaixão se estendem de geração em geração. Vossa misericórdia é universal e eterna e vossa ação misericordiosa resgata a nossa dignidade e renova a face da terra. Fazei-nos também misericordiosos, como vós sois misericordioso. Amém!

A MISERICÓRDIA DE DEUS NO NOVO TESTAMENTO

A partir de Cristo inaugura-se o Novo Testamento. Ele "é o rosto da misericórdia do Pai. O mistério da fé cristã parece encontrar nestas palavras a sua síntese. Tal misericórdia tornou-se viva, visível e atingiu o seu clímax em Jesus de Nazaré" (Francisco, *Misericordiae Vultus*, 1). "A verdade revelada por Cristo a respeito de Deus 'Pai das misericórdias' permite-nos 'vê-lo' particularmente próximo do homem, sobretudo quando este sofre, quando é ameaçado no próprio coração da sua existência e da sua dignidade" (São João Paulo II, *Dives in misericordia*, 2).

Todo o Novo Testamento comprova que Cristo é o ícone vivente do Pai, "rico em misericórdia" (Ef 2,4) e o revelador do mistério daquele que é "o Pai das misericórdias" (2Cor 1,3). Esta revelação acontece:

Em sua vida

No momento de inaugurar o seu ministério público, na sinagoga de Nazaré, Jesus lê e faz suas estas palavras do profeta Isaías 61,1-2: "O Espírito do Senhor está sobre mim, porque ele me ungiu para evangelizar os pobres, enviou-me para proclamar a remissão aos presos e aos cegos a recuperação da vista, para restituir a liberdade aos oprimidos e para proclamar um ano de graça do Senhor" (Lc 4,18-19).

Quando João Batista procura certificar-se de que ele era o Cristo-messias, manda dizer-lhe: "Ide contar a João o que estais vendo e ouvindo: os cegos recuperam a vista, os coxos andam, os leprosos são purificados, os surdos ouvem, os mortos ressuscitam e aos pobres é anunciado o Evangelho" (Lc 7,22-23).

Na verdade, a vida pública de Jesus sempre foi uma pregação misericordiosa junto a toda forma de miséria humana. Ele dedicou sua vida a todos os que física ou moralmente necessitam de compaixão, de ajuda e socorro, de compreensão e de perdão. Toda essa dedicação misericordiosa lhe custou a hostilidade dos anestesiados pelo legalismo e a hipocrisia.

Em nome da misericórdia, faz-se amigo dos pecadores e frequenta suas mesas; comove-se diante da multidão que anda abatida como ovelhas sem pastor; socorre a todos os que sofrem de alguma enfermidade e os que clamavam: "Senhor, piedade!" (Mt 15,22; 17,15; 20,30-31). Jesus experimenta em sua própria carne a dureza do sofrimento humano: "Por isso, devia ser em tudo semelhante a seus irmãos, para que pudesse ser sumo sacerdote misericordioso e fiel diante de Deus, para expiar os pecados do povo. Como ele sofreu a provação pessoalmente, é capaz de socorrer aqueles que estão sendo provados" (Hb 2,17-18).

"Portanto, compareçamos confiantes diante do tribunal da graça para obtermos misericórdia e alcançarmos a graça de um auxílio oportuno" (Hb 4,16).

Em sua palavra

Para confirmar sua prática compassiva e condescendente com os publicanos e pecadores, diante da resistência e oposição religiosa e política, Jesus proclama as parábolas da misericórdia. Em linguagem poética e familiar, evoca o quadro da ovelha desgarrada e do pastor (cf. Mt 18,10-14; Lc 15,3-10), e da mulher e da moeda perdida (Lc 8,10). Nestas duas parábolas, Jesus acena para a festiva alegria que há no céu pelo reencontro-conversão, mesmo que seja só de um pecador.

A terceira parábola, com noções de fina psicologia paterna, mostra como um filho perdido é esperado por um pai que anseia seu retorno e, quando o vê de longe, move-se de compaixão e corre para dar-lhe o abraço da misericórdia. Diante do filho mais velho, representante da resistência e agente da exclusão, o pai afirma: "Era preciso se alegrar e festejar, porque este seu irmão estava morto e voltou a viver, estava perdido e foi encontrado" (cf. Lc 15,11-32).

Todo o ser de Jesus, a Boa-Nova por ele proclamada e todas as suas ações, desde sua vinda ao mundo até o mistério Pascoal de sua morte e ressurreição, concretizam a vontade amorosa do Pai, tecida pelo incontido amor por seus filhos e pelo mundo. É esta realidade que é proclamada nos dois cânticos do *Magnificat* e do *Benedictus*, por Maria e Zacarias. Aqui se celebra a misericórdia de Deus que veio envolver, de geração em geração, a todos aqueles que o temem (Lc 1,50.54.72.78).

O Apóstolo Paulo, em suas cartas, com frequência menciona, exalta e aproxima a misericórdia de Deus, revelada em Cristo, atuando nos corações, na humanidade e na história. Com Paulo rezamos:

> ### ORAÇÃO
>
> Ó Deus que sois "rico em misericórdia, pelo imenso amor com que nos amastes, deste-nos vida juntamente com Cristo, quando estávamos mortos em nossas faltas" (Ef 2,4-5). "Bendito sejais Deus e Pai de Nosso Senhor Jesus Cristo, o Pai das misericórdias e Deus de toda a consolação. Ele nos consola em todas as nossas tribulações, para que possamos consolar os que se acham em qualquer tribulação, por meio da consolação que nós mesmos recebemos de Deus". Amém! (2Cor 1,3-4).

MISERICORDIOSOS COMO O PAI
(LC 6,36)

No diálogo da fé, o verdadeiro itinerário sempre começa por reconhecer e acolher o amor de Deus que se antecipa em tudo e para todos. Ele nos amou e nos ama primeiro! Mas, ao dar-nos conta deste movimento do coração de Deus para nós, cabe-nos corresponder, procurando amar o próximo como ele nos ama e como a nós mesmos. "O ensinamento de Jesus, que diz: 'Sede misericordiosos, como o vosso Pai é misericordioso' (Lc 6,36), é um programa de vida tão empenhativo como rico de alegria e paz" (Francisco, *Misericordiae Vultus*, 13).

"Jesus Cristo ensinou que o homem não só recebe e experimenta a misericórdia de Deus, mas é também chamado a 'ter misericórdia' para com os demais. 'Bem-aventurados os misericordiosos, porque alcançarão misericórdia' (Mt 5,7). A Igreja vê nestas palavras um apelo à ação e esforça-se por praticar a misericórdia" (São João Paulo II, *Dives in misericordia*, 14).

Jesus afirma decididamente o primado do amor e do perdão sobre todas as ofertas e sacrifícios prescritos pela lei. "Eu quero a misericórdia e não o sacrifício" (Mt 9,13; 12,17). Cristo propõe um ideal de santidade e de perfeição que pode ir se concretizando nas obras de misericórdia espirituais e corporais. Estas são a forma mais elevada de amor ao próximo, como nos mostra a parábola do Bom Samaritano (Lc 10,30-37).

Jesus adverte que o juízo final passará pela prova das obras de misericórdia e bondade que tivermos praticado em favor do próximo mais necessitado. Ele as atribuirá como feitas em seu favor (Mt 25,31-46). Aqui vale lembrar também o que pedimos no Pai-Nosso: "Perdoai as nossas ofensas, assim como nós perdoamos!" (Mt 6,12). Na cruz provamos até onde chega o perdão de Cristo: "Pai, perdoai-lhes, porque não sabem o que fazem" (Lc 23,34).

Vivemos num momento da história em que a capacidade humana se gloria de tantos avanços técnicos e científicos. Os meios para tudo facilitar são sempre mais sofisticados. Porém, como nunca, os fins são equivocados.

"O homem contemporâneo interroga-se com profunda ansiedade quanto à solução das terríveis tensões que se acumulam sobre o mundo e se entrecruzam nos caminhos da humanidade. Se algumas vezes o homem não tem a coragem de pronunciar a palavra 'misericórdia' ou não lhe encontra equivalente na sua consciência despojada de todo sentido religioso, ainda se torna mais necessário que a Igreja pronuncie esta palavra, não só em nome próprio, mas também em nome de todos os homens contemporâneos" (São João Paulo II, *Dives in misericordia*, 15). Conforme este mesmo Santo dizia, realmente, estamos hoje na hora da misericórdia!

ORAÇÃO

Senhor, hoje somos chamados a ser misericordiosos como vós. Assim seremos felizes e faremos os outros felizes! Na medida de nossa gratidão pela misericórdia que sempre nos dais, aumentai o nosso compromisso de corresponder com ações misericordiosas para com nossos irmãos. Senhor, sabemos o quanto é importante contarmos com vosso perdão. Ensinai-nos a perdoar nossos irmãos! Senhor, a cada dia acordamos cercados por vossa ternura e bondade. Ajudai-nos a sermos ternos e bondosos com aqueles que nos cercam. Senhor, fostes manso e humilde de coração. Despertai-nos para o senso da mansidão e da bondade na convivência de cada dia! Senhor, privilegiastes a atenção aos pecadores, doentes e excluídos, convertei-nos para irmos ao encontro dos que mais precisam de nós, pois seremos julgados pelo amor. Amém!

AS OBRAS DE MISERICÓRDIA

O Cristo crucificado ressuscitado é o referencial e o critério de validade das obras de misericórdia corporais e espirituais. Investir nestas obras é garantir o êxito da vida presente e eterna. A partir do mistério pascal podemos comprovar o que significou o amor misericordioso de Cristo, traduzido em obras, nos caminhos de sua missão exercida junto às carências humanas. Ele se fez pecado por nós para destruir radicalmente a nossa miséria, passando pela cruz à ressurreição (cf. 2Cor 5,21).

A fé no Cristo crucificado ressuscitado não é um mero sentimento de admiração, mas um compromisso real que se traduz em obras de misericórdia, pois "a fé sem obras é morta" (Tg 2,14). Cristo veio assumir por inteiro a realidade humana para levá-la consigo em seu caminho pascal. Ao passar pelo mundo fazendo o bem (At 10,38), Jesus foi misericordioso com todos. Ele teve compaixão pelas fragilidades e carências corporais. Curou os doentes, devolvendo-lhes a alegria de viver. Importou-se pelo pão e pela água. Garantiu que o pai, atento à veste dos lírios do campo e ao alimento das aves do céu, não deixa os humanos em menor atenção.

Se Cristo tanto se ocupou com as obras de misericórdia corporais, não deixou por menos as obras de misericórdia espirituais. A seus discípulos dirá: "Não vos digo que perdoeis até sete vezes, mas até setenta vezes sete" (Mt 18,22). O Mestre comove-se diante da debilidade humana. Procura instruir de modo simples e familiar, aconselha sem impor, consola e conforta os abatidos por toda a sorte de sofrimento e opressão: "Vinde a mim, vós que estais cansados sob o peso do vosso fardo e eu vos aliviarei. Tomai sobre vós o meu jugo e aprendei de mim, porque sou manso e humilde de coração, e encontrareis descanso para vossas almas, pois o meu jugo é suave e o meu fardo é leve" (Mt 11,28-29).

Como cristãos, necessitamos saber que as obras de misericórdia não são ações facultativas, mas expressões concretas do amor-caridade. Por isso, passamos a lembrá-las e nominá-las como compromissos de nosso Batismo.

Obras de misericórdia corporais

1. Dar de comer a quem tem fome.
2. Dar de beber a quem tem sede.
3. Vestir os maltrapilhos.
4. Dar pousada aos peregrinos.
5. Visita os enfermos e encarcerados.
6. Remir os cativos.
7. Sepultar os mortos.

Obras de misericórdia espirituais

1. Aconselhar animando.
2. Instruir quem ignora.
3. Corrigir com caridade.

4. Consolar os aflitos.
5. Perdoar as injúrias.
6. Sofrer com paciência as fraquezas do próximo.
7. Rogar a Deus pelos vivos e defuntos.

ORAÇÃO

Ó Deus da vida, derramai a força incontida de vosso amor, para podermos atualizar em nosso tempo as ações misericordiosas de vosso Filho, que passou pelo mundo fazendo o bem a todos. Fazei-nos sensíveis, compassivos e solidários com os irmãos e irmãs em necessidade. "Ajudai-nos a resgatar os abandonados e esquecidos desta terra que valem tanto aos vossos olhos" (Francisco). Senhor, fazei que jamais nos cansemos de fazer o bem, mesmo que nem sempre vejamos os resultados. Dai-nos o senso da gratuidade que engrandece nossas obras de misericórdia, pois recebemos de graça e de graça também devemos dar. Ajudai-nos a entender que, quem vive para si, se perde, e quem se doa em amor e caridade garante a vida para a eternidade. Amém!

VAMOS COMPOR UM HINO À BONDADE

Dizem que a cultura da indiferença vai se cristalizando em nós, quando vamos perdendo o senso do trágico, quando já não choramos mais com a dor alheia e não nos compadecemos mais com os abatimentos das multidões. Por outro lado, também podemos nos tornar indiferentes, quando perdemos o encantamento e abafamos a consciência da bondade. Este caminho de indiferença vai aumentando a geração mencionada por Jesus: "A quem vou comparar esta geração? É como crianças sentadas nas praças, gritando a outras: 'Tocamos flauta para vocês e vocês não dançaram. Cantamos lamentações e vocês não choraram'" (Mt 11,16-17).

Com grupos diferentes, treinou-se compor um hino à bondade. Em clima orante, buscou-se motivar os participantes para que evocassem realidades concretas, fatos e situações que expressassem bondade. Um dos grupos era formado por pessoas de uma forte e tradicional experiência religiosa. De imediato, os participantes foram evocando bondades de Deus, ajudas dos santos, resultados da fé etc. Outro grupo era formado por pessoas menos iniciadas na fé. O curioso é que este grupo listou uma imensidão de bondades de nosso chão, da vida diária, das coisas simples do cotidiano e das obras humanas.

Diante das diversas percepções na composição do hino à bondade, nota-se que as diferentes consciências da bondade não se opõem, mas se complementam. Quando aprendemos a compor o hino à bondade a partir do alto, podemos vir descendo, de modo franciscano, até entoar o "louvado sejas, meu Senhor, pela irmã água, pelo irmão sol, pelo irmão fogo" etc. Mas também, quando nossa consciência de bondade é capaz de situar as bondades humanas nas coisas simples do dia a dia, poderá fazer um caminho de ascensão até a mais elevada bondade de Deus.

Parece que, para qualquer modo de compor o hino à bondade, é fundamental superar ranços, pessimismos, miopias e indiferenças. "Vemos tão pouco com os nossos olhos; ouvimos tão pouco com nossos ouvidos. É limitado o alcance dos sentidos. Só vemos bem com o coração". Martin Luther King, referindo-se às muitas bênçãos do cotidiano, convidava a pensar nas muitas bondades impressas nas coisas simples. Quantas pessoas se envolvem para fazer chegar até mim uma roupa que eu visto? Quanta contribuição entra em jogo para podermos calçar e usar um sapato? Quanto suor, desgaste e sacrifício humano para liberar uma estrada asfaltada?

Exercitar a consciência da bondade não é mero sentimentalismo, nem um alienado romantismo, mas um caminho para a esperança. Ninguém constrói na indiferença, muito menos na negação. Construímos mais vida nas vivas sementes da bondade, do bem, da verdade e da fé. Creio que a Encíclica *Laudato Si'*, do Papa Francisco, seja uma excelente escola de aprendizado para ampliar a consciência da bondade, ao mesmo tempo um novo despertar otimista para aprender a compor um grande hino à bondade da criação e, consequentemente, ao Criador.

ORAÇÃO

"Nós vos louvamos, ó Pai, com todas as vossas criaturas, que saíram de vossa mão poderosa. São vossas e estão repletas da vossa presença e da vossa ternura" (Francisco). Senhor, como é grande a vossa bondade em nos criar à vossa imagem e semelhança, em nos salvar por meio de vosso Filho Jesus e nos santificar pelo vosso Espírito. Todo o nosso viver está em vós, pois de vós viemos, em vós vivemos e para vós retornamos! Senhor, vossa bondade e misericórdia faz nascer o sol para bons e maus; faz cair a chuva sobre justos e injustos. Quereis que todos se salvem e cheguem ao conhecimento da verdade. Do nascer ao pôr do sol respiramos, vemos e comprovamos os sinais vivos de vossa bondade. Dai-nos sabedoria para percebermos também tantas bondades vivas, que brotam do coração de vossos filhos. Dai-nos coragem e esperanças para superarmos a maldade pela bondade e que vosso Reino venha a nós. Amém!

A URGÊNCIA DA MISERICÓRDIA

A realidade humana em mudança de época, como a nossa, comprova a urgente necessidade de que a Igreja cumpra a sua primeira missão: ser testemunha da misericórdia, exercitando-a nas múltiplas relações pastorais e nas diferentes ações de cuidado e promoção da vida.

A surpreendente convocação do Papa Francisco para que toda a Igreja se envolva no Ano Santo extraordinário confirma a importância do chamado a pôr em ação a misericórdia, como graça e urgência. Não se trata aqui de criar estruturas e instituições especiais, mas trata-se de nos educar para uma nova mentalidade, uma sensível cordialidade e para atitudes favoráveis a relações redimidas.

A raiz de nosso olhar necessita ser replantada no coração de Deus para dar-nos conta de que não existem humanos desenganados, nem totalmente arruinados. Em cada pessoa há sempre centelhas de surpreendentes esperanças que poderão florir em presenças criadoras e construtivas. A misericórdia nos chama a crer que é possível transformar desertos em jardins, indiferenças em solidariedade, medos em coragem, pecadores em santos.

Para acionar a misericórdia, necessitamos nos aproximar de Deus e dos humanos. Na distância dos outros nos distanciamos de nós mesmos, no risco de aumentarmos a multidão de solitários que povoam os aglomerados humanos. Quanto mais nos fechamos, mais se anulam nossos sonhos de um futuro melhor e mais solidário. Somente quem sai de si se encontra, encontrando os outros.

Exercitar a misericórdia é muito mais do que "ter pena" ou até mesmo compaixão. É envolvimento ativo em exercícios de constante afirmação da vida com suas incontáveis possibilidades. Mesmo que às vezes sejamos surpreendidos por decepções, o recurso da misericórdia, como o Pai é misericordioso, não se esgota com nenhum possível engano.

Para podermos acionar a misericórdia precisamos baixar até o chão os nossos sonhos e nossas opiniões celestiais e ir ao encontro das humanas situações que nos rodeiam e clamam por mais vida. É do chão que a misericórdia pode apontar caminhos ideais e incentivar sonhos que se tornam realidade. Todos temos experiências de nossas humanas contradições. Somos todos portadores de grandezas e misérias, de valentias e medos. Em nós habitam anjos e demônios. No entanto, para além de nossas íntimas e reais contradições, somos sempre chamados ao melhor, ao mais e ao maior.

Acionar a misericórdia é abrir portas e caminhos para horizontes amplos que possibilitam transitar naquela verdadeira liberdade dos filhos de Deus. O futuro humano, mais do que da engenharia genética e dos avanços da ciência e da técnica, depende de uma mudança revolucionária em nosso modo de pensar, de sentir e de agir.

A misericórdia é essa estratégia do amor capaz de humanizar. Humanizando-nos criaremos uma história mais humana, já que o futuro depende de nossa generosidade com o presente. Se nesta vida não conseguimos ser perfeitos, como o Pai do céu é perfeito, nem mesmo bons, ao menos sejamos razoáveis. Assim o futuro estará garantido.

ORAÇÃO

Ó Deus, vossa misericórdia é desde sempre e para sempre! Em todos os momentos da história vossa compaixão nos envolve e nos possibilita vida e esperança. Vossa misericórdia para conosco é sempre mais viva e presente na proporção de nossas faltas. Senhor, que vossa graça nos eduque para uma nova mentalidade, uma sensível cordialidade e atitudes favoráveis para novas relações redimidas. Queremos replantar a raiz de nosso olhar em vosso coração para aprendermos a ver além das aparências vossos filhos, como vós os vedes. Senhor, libertai-nos do fechamento, para uma convivência de solidariedade. Substitui em nós os pesadelos da maldade pelos sonhos da paz e da fraternidade. Confiantes em vossa misericórdia, que nos possibilita começar sempre de novo, sejamos agentes de uma nova história, condizente com vossos projetos de vida e amor. Amém!

ACORDADOS PARA A MISERICÓRDIA

No dia 13 de março de 2013, o mundo inteiro foi surpreendido por uma pessoa que, no dizer dele mesmo "veio do fim do mundo". Este homem providencial escolheu ser chamado Francisco. Com evidência, tivemos a sensação de que a Igreja estava sendo acordada por uma nova linguagem e para uma nova convocação. De imediato, Francisco confirma a Igreja da misericórdia por sua ternura e vigor, por seu despojamento e proximidade.

Na tradicional janela do Vaticano chega um latino-americano vestido de branco, sinalizando paz; inclina-se para pedir à multidão a bênção para começar sua missão; vai pagar pessoalmente o hotel onde havia se hospedado durante o conclave; deixa os seguranças assombrados, por se misturar com o povo e procurar os que dele não podiam se aproximar; vai morar na hospedagem Santa Marta; muda roteiros de viagem para realizar gestos proféticos e assim vai atualizando o seu lema: *Miserando atque eligendo*.

No dia 13 de março de 2015, aniversário de sua eleição como Bispo de Roma, Francisco decide proclamar um "jubileu extraordinário" centrado na misericórdia de Deus. É o Ano Santo da misericórdia, que vem para nos acordar, após 50 anos de encerramento do Concílio Vaticano II, atualizando este novo Pentecostes para os nossos dias.

Com a chave da misericórdia somos convidados a entrar no edifício da esperança e estamos sendo convocados a promover a cura de tantos ferimentos e atentados à vida com o remédio da misericórdia. É notório que no século XXI, envaidecido por tantos progressos, não cabe a humilhação de ver avançar a cultura da morte e da indiferença que fere a dignidade humana. Hoje nos vemos todos ameaçados e tantas vezes entorpecidos pelo vazio da superficialidade. Faz-se urgente resgatar a qualidade global da vida em todas as suas relações e dimensões.

Depois de 26 jubileus ordinários e quatro extraordinários acontecidos na Igreja, fica bem imaginar e desejar com o Papa Francisco a atualização daquele anúncio, com o qual Jesus inaugurou a sua missão: "O Espírito do Senhor está sobre mim, porque ele me consagrou com a unção, para anunciar a Boa-Nova aos pobres [...] e para proclamar um ano de graça do Senhor" (Lc 4,18-19). O Ano Santo da misericórdia começa no dia 8 de dezembro de 2015, dia da Imaculada Conceição, Mãe da misericórdia, até o dia 20 de novembro de 2016, festa de Cristo Rei do Universo.

Já na exortação apostólica "A alegria do Evangelho", o Papa Francisco dizia: "Espero que todas as comunidades se esforcem por atuar os meios necessários para avançar no caminho de uma conversão pastoral e missionária, *que não pode deixar as coisas como estão*" (*Evangelii Gaudium*, 25). Em seu primeiro *Angelus*, no dia 17 de março de 2013, Francisco já dizia: "A misericórdia é uma palavra que muda tudo, que muda o mundo, porque um pouco de misericórdia torna o mundo menos frio e mais justo".

Ninguém pode ser excluído da misericórdia de Deus. "Deus é amor" (1Jo 4,8). Nele podemos começar sempre de novo!

ORAÇÃO

Senhor, vossa misericórdia é sempre surpreendente! A criatividade de vosso amor e sabedoria é inesgotável. Há momentos na vida em que a esperança se vê ameaçada por tramas de humanas traições. Mas vossa misericórdia, Senhor, intervém e faz surgir, de um aparente entardecer, a aurora de um novo dia. Um novo Pentecostes fizestes acontecer com o Concílio Vaticano II. Mesmo com as humanas resistências, vossa Igreja continua se renovando, porque, acima de tudo, é divina. Senhor, nesta mudança de época, somos chamados a acolher vossa eterna misericórdia, que não nos permite deixar as coisas como estão, "porque um pouco de misericórdia torna o mundo menos frio e mais justo" (Francisco). Amém!

MISERICÓRDIA
E SEU SIGNIFICADO

Quando procuramos clarear o significado das palavras, também as situamos melhor no contexto da vida e da convivência, em sua implicância com a realidade, e em que nos provocam e convocam. Isto também acontece com a palavra *misericórdia*. Daqui para frente, a misericórdia vai se tornar uma chave preciosa para abrir as mentes, os corações e as práticas dos cristãos, nas mais diferentes relações e respostas para a humanidade de hoje.

No final do século e do milênio passado, o Papa São João Paulo II, em sua encíclica *Dives in misericordia*, afirmava que o futuro da humanidade seria o tempo da misericórdia. Avançando ainda mais, o Papa Francisco, chamado o Papa da misericórdia, convoca o Ano Santo da misericórdia como uma urgência pastoral da Igreja, em sua missão no terceiro milênio.

A palavra misericórdia aparece com muitos significados, como: piedade, compaixão, ternura, bondade, clemência, graça... Porém, os dois significados mais importantes referem-se ao sentimento pelo qual a miséria do outro toca o nosso coração e ao sentimento que move a perdoar a quem está em culpa.

A misericórdia é uma virtude moral que motiva a compreender e aliviar os muitos tipos de sofrimentos dos outros, considerando-os como próprios: seja porque vemos sofrer o nosso próximo (vínculo afetivo), seja porque certa identificação psicológica nos alerta para uma possível situação idêntica ou parecida que possa também nos atingir.

A misericórdia implica um momento passivo, no qual sentimos como nossos os males dos outros que nos rodeiam. A esta reação chamamos de compaixão. Porém, em nome da misericórdia, não podemos apenas permanecer na compaixão. Faz-se necessária uma reação, que nos impulsione a ações concretas de solidariedade, libertação e cura. A misericórdia é um efeito necessário do amor, como ato principal da caridade. Não podemos separar nem distanciar o amor e a misericórdia. Afirma-se que o amor é animado pela benevolência, enquanto a misericórdia é movida pela indigência.

Evidentemente, quando nos referimos ao Papa Francisco, não podemos dizer que ele esteja tão preocupado em definir minuciosamente o significado da palavra misericórdia. Por sua experiência, sua vivência e sua habilidade pastoral, Francisco convida a experimentar a misericórdia como um "caminho que se inicia com uma conversão pessoal".

A misericórdia nos pede dois olhares: contemplar o Deus misericordioso de Jesus Cristo e a realidade humana de miserabilidade que nos atinge. "Não esqueçamos que Deus perdoa tudo e Deus perdoa sempre" (Francisco).

ORAÇÃO

Senhor, como a fonte é para o sedento a certeza da água viva que vem saciá-lo, assim é a misericórdia que brota de vosso coração compassivo. Tantas vezes nos vemos desfalecer no caminho, porque nossas forças são limitadas, mas a vossa graça nos revigora, sempre que a acolhemos. Senhor, vossa misericórdia é como uma chave preciosa que vem abrir nossas mentes, sensibilizar nossos corações e motivar nossas práticas cristãs para que sejamos também misericordiosos. Fazei que esta virtude nos ensine a compreender e aliviar os muitos tipos de sofrimentos dos outros, considerando-os como próprios e como vossos também. Senhor, no dia do juízo nos direis: "Tudo o que tiverdes feito, ou não tiverdes feito a um destes pequeninos, foi a mim que o fizestes, ou deixastes de fazer". Fazei-nos misericordiosos, como sois misericordioso. Amém!

SINTONIZANDO COM A MISERICÓRDIA

É significativa a palavra sintonia! A mente, o coração e a vontade da pessoa necessitam cultivar esta necessária abertura no vasto mundo da comunicação. Aliás, a sintonia é um elemento básico não apenas para a boa comunicação, mas principalmente para a comunhão de vida. Porém, existem algumas perguntas que podem inquietar-nos: O que sintonizamos? A quem sintonizamos? Desta sintonia, o que resulta para meu crescimento global: libertação e dignificação? Em que contribui para uma sociedade justa, fraterna e solidária?

Lembro aqui o discurso de Paulo no Areópago de Atenas e a sua incrível sabedoria de não ficar combatendo as sintonias erradas dos que adoravam os muitos deuses pagãos. Elogia o povo por ser religioso e anuncia o Deus verdadeiro, cujo altar estava vazio e era dedicado ao Deus desconhecido. Aconselha aos cidadãos que se esforcem por encontrá-lo, mesmo que seja às apalpadelas... "Ele não está longe de cada um de nós, pois nele vivemos, nos movemos e existimos" (At 17,28).

Hoje vivemos uma verdadeira explosão no mundo das comunicações, seja em questão de meios sofisticados, seja em mensagens que se atravessam de todos os jeitos e de todos os lados. Mas nesta explosão aumenta sempre mais a compulsão por sintonia. Mas qual sintonia? Com quem procuramos nos sintonizar? O que procuramos com esta busca insaciável de sintonia? O que temos a oferecer e o que esperamos receber?

Mal comparando Paulo, em sua estratégia de evangelização, poderíamos dizer: "Em tudo vemos as crianças, os jovens e adultos se comunicando e procurando sintonia! Mas há um altar ao comunicador desconhecido: O Deus da misericórdia". Ele já está em nós e, ao sintonizá-lo, nada temos a perder, mas tudo a ganhar, desde a melhor acolhida, a palavra mais verdadeira que revela nossa dignidade de filhos e irmãos e a melhor oferta em favor do sentido e qualidade de vida.

Sintonizando com a misericórdia de Deus, logo percebemos que ele é amor, paciência e perdão. Não atropela ninguém nem se apresenta como implacável juiz, mas como o Pai do Filho pródigo. Seu amor misericordioso respeita a liberdade e não se atravessa para impedir nossas decisões. Mesmo sabendo que ninguém se dá bem nas escolhas erradas e no mal praticado, Deus aguarda de portas abertas a volta de seus filhos, sem nada cobrar. Ele não manda recuperar a herança perdida, está sempre pronto a abraçar e comemorar o retorno de quem estava perdido e foi encontrado, de quem estava morto e reviveu.

A sintonia com a misericórdia nos educa para a sábia sensibilidade de não brincar com a vida, nem desgastar à toa os dons recebidos, mas tudo investir para sermos agentes construtores da alegria de viver e conviver. Esta sintonia com a misericórdia de Deus que é eterna e inesgotável nos leva também a sermos misericordiosos como o Pai. Assim liberamos de nós o remédio para tantas feridas e tantos feridos de nosso tempo.

ORAÇÃO

Senhor, vós estais sempre em estado de comunicação. Dentro de nós, em nossa frente, ao nosso lado, atrás de nós e acima de nós, nos envolveis com vossa Palavra criadora e salvadora. Em vós, até o silêncio é comunicação densa de vida e amor. Todas as vossas criaturas proclamam o hino da vida e da esperança. Vossa misericórdia, como o ar que respiramos, é uma oferta permanente de acolhida e compaixão, paciência e perdão. Senhor, em nós há tantas distrações e indiferenças! Abri o ouvido de nosso coração para podermos sintonizar, acolher e deixar agir a vossa ação misericordiosa. Em todas as situações da vida nos falais! Em toda a vossa criação vos comunicais! Em todos os acontecimentos da história ressoa um convite para sermos parceiros convosco para que vosso Reino venha a nós. Amém!

A MISERICÓRDIA TEM ROSTO

A fé cristã não se sustenta em abstrações vagas, nem mesmo por emoções passageiras. O especificamente cristão é o próprio Jesus Cristo. Sempre, e em tudo o que diz respeito a nossa caminhada cristã, é necessário começar e recomeçar a partir de Cristo, reconhecendo que "não se começa a ser cristão por uma decisão ética ou uma grande ideia, mas pelo encontro com um acontecimento, com uma pessoa, que dá um novo horizonte à vida e, com isso, uma orientação decisiva" (Bento XVI).

A Igreja tem sempre maior clareza em relação a seu referencial inspirador de vida e missão. É de Cristo que nasce e germina, com fecundidade, toda a ação da Igreja. Sendo a misericórdia uma necessária e permanente prática da Igreja, não há como pensá-la e exercê-la, se esta não tiver um rosto. "Jesus Cristo é o rosto da misericórdia do Pai... Tal misericórdia tornou-se visível e atingiu seu clímax em Jesus de Nazaré... Quem o vê, vê o Pai (cf. Jo 14,9). Com a sua palavra, os seus gestos e toda a sua pessoa, Jesus de Nazaré revela a misericórdia de Deus" (*Misericordiae Vultus*, 1).

Se quisermos saber o que Deus falou e como falou de misericórdia; se quisermos conhecer sua prática e suas ações misericordiosas; se quisermos identificar o seu coração e ver o seu rosto misericordioso, aproximemo-nos dos Evangelhos. Lá encontraremos o retrato falado, a fonte inspiradora e o Mestre da misericórdia. Tudo o que fez, o que disse e quem foi Jesus torna presente, com realismo e clareza total, o Pai misericordioso.

Mesmo que as multidões e, até mesmo os apóstolos, não conseguissem ver tudo no rosto de Cristo; mesmo que tivessem dele uma opinião parcial de um messianismo distorcido, não há como negar que a multidão carregada de misérias percebia no rosto de Cristo o rosto da misericórdia. Diante dele não havia espaço para a neutralidade. A força interior que Jesus comunicava suscitava encantamento e admiração ou escandalizava a quem esperava da lei a sua justificação.

Por onde Jesus passava, as portas da misericórdia iam se abrindo. Nele se sentia o Reino chegando, uma nova aurora nascendo e a fonte da vida jorrando. Com sua força misericordiosa, ele não aliena, não exime a pessoa de sua responsabilidade, mas revela sua altíssima dignidade.

"Quem faz Cristo entrar na sua vida, nada perde, nada absolutamente, nada daquilo que torna a vida livre, bela e grande. Não! Só nesta amizade se abrem de par em par as portas da vida. Só nesta amizade se abrem realmente as grandes potencialidades da condição humana. Só nesta amizade experimentamos o que é belo e o que liberta. Assim, eu gostaria com grande força e convicção, partindo de uma longa vida pessoal, de vos dizer hoje: não tenhais medo de Cristo! Ele nada tira, ele dá tudo. Quem se doa por ele recebe o cêntuplo. Sim, abri de par em par as portas a Cristo e encontrareis a vida verdadeira" (Bento XVI).

ORAÇÃO

"Nós proclamamos que Jesus é o Cristo, Filho do Deus vivo. Ele nos revela o Deus invisível. É o fundamento de todas as coisas. Ele é o Mestre da humanidade! Ele nasceu, morreu e ressuscitou para nós. Ele é o centro da história do mundo. Ele é quem nos reconhece e nos ama. Ele é o companheiro de nossa vida. Ele é o Homem da dor e da esperança. Ele é o caminho, a verdade e a vida. Ele é o Pão e a fonte da água viva para a nossa fome e a nossa sede. Como nós e mais do que nós, ele foi pequeno, pobre, humilde, trabalhador e paciente. Ele fundou um reino novo, onde os pobres são felizes, onde a paz é princípio de convivência, onde os puros de coração e os que choram são exaltados e consolados, onde aqueles que promovem a justiça são atendidos, onde os pecadores são perdoados. Onde todos são irmãos. Jesus Cristo é o princípio e o fim. Ele é o segredo da história. Ele é a chave de nosso destino. Cristo é o nosso Salvador! Cristo é o nosso supremo Senhor. Cristo é o nosso libertador. Amém!" (Paulo VI)

A MISERICÓRDIA ABUSADA

Começamos lembrando um grande mártir, sábio teólogo e zeloso pastor luterano, Dietrich Bonhoeffer, membro da resistência alemã antinazista. Mesmo com outras palavras escrevia e falava da misericórdia abusada. Sem meios-termos afirmava: "Graça a bom mercado significa justificação do pecado e não do pecador [...]. A graça a bom mercado (barato) é a pregação da misericórdia, do perdão, sem o arrependimento [...], a absolvição sem a confissão pessoal".

Nós sabemos bem de nossos mecanismos que buscam justificar tudo por atalhos. Conhecemos nossas espertezas e tramas de corrupção natural que nos tentam. Tantas vezes fazemos de conta entender mal a palavra misericórdia, como quem se diz surdo para ouvir o que quer e o que lhe interessa. Na verdade, a palavra "misericórdia" frequentemente é mal-entendida e abusada, quando a confundimos com uma fraca indulgência ou um frágil *laissez-faire*.

Não é difícil cairmos na tentação de falsificar a misericórdia. Aqui podemos cair no risco de mercantilizar a graça de Deus. Esta atitude, que pode seduzir ao nivelamento por baixo, nega a preciosidade desta mesma graça que foi conquistada e ganha com o preço do sangue de Cristo na cruz. Também trai as mais profundas aspirações humanas de vida em plenitude, que todos carregamos nas profundezas de nosso ser.

Jesus Cristo tem uma advertência muito séria a respeito deste tipo de barateamento da graça misericordiosa. Todo cuidado é pouco para não nos deixar seduzir, entrando pela porta larga, onde o egoísmo vai nos empurrando para a escravidão. Entrar pela porta estreita não significa negação da misericórdia, mas responsabilidade em administrar o preço do amor de Deus que liberta e salva.

Sabemos que a verdadeira e necessária medicina, tantas vezes, precisa receitar remédios amargos para curar e mesmo processar uma cirurgia para nos libertar de um corpo estranho que põe em risco nossa vida. Cristo, o grande médico da misericórdia, sempre exigiu da pessoa uma participação responsável para sua cura e seu perdão. A Igreja, por ser também humana, necessita a disciplina para favorecer os efeitos da misericórdia.

Essa compreensão terapêutica da lei e da disciplina da Igreja nos ajuda à verdadeira interpretação e explicação do Direito Canônico. Aqui é bom deixar claro que o Direito Canônico não está contra o Evangelho, mas o Evangelho está contra uma compreensão legalista e fria do Direito Canônico.

O Direito Canônico deve ser interpretado e aplicado à luz da misericórdia, porque é a misericórdia que abre os nossos olhos às situações concretas dos outros. O outro não é um caso a ser catalogado numa regra geral. Diante de Deus não somos um "plural". Cada pessoa e cada situação é singular.

O que realmente importa é não desvirtuar a misericórdia de Deus, nem usarmos mal a nossa misericórdia com os outros. Deus sabe e nós também precisamos saber que ninguém é feliz no erro nem no caminho de desumanização.

ORAÇÃO

Senhor, tudo o que é precioso tem um preço elevado. A nossa vida e a vida do mundo custaram o preço do sangue de vosso Filho na cruz. Porque sois rico em misericórdia, vos tornastes pobre para nos enriquecer. A prontidão em nos oferecer vossa misericórdia não pode ser abusada por nós. Vossa graça nos chama à responsabilidade fiel, para um caminho de conversão. Dai-nos sabedoria para escolher o caminho estreito que nos conduz à vida e não nos deixeis cair na tentação de escolher a porta larga e o caminho fácil do comodismo e da indiferença. Senhor, fazei-nos valorizar a misericórdia que nos ofereceis e fazei-nos misericordiosos, como vós, para nossos irmãos. Amém!

MISERICÓRDIA: TIRAR O BEM DO MAL

O Divino que está no humano, quando os humanos se abrem ao divino, possibilita tanta energia, capaz de realizar transformações inimagináveis, pois "para Deus nada é impossível" (Lc 1,37). O verdadeiro movimento da misericórdia pode começar com um olhar sensível e atento; necessita passar por uma sintonia de terna compaixão, mas precisa ir além. A misericórdia não se contenta em encarar o mal moral, físico ou material.

A característica da verdadeira misericórdia que brota do coração de Deus se comunica ao coração humano, manifesta-se quando consegue reavaliar, promover e tirar o bem de todas as formas de mal existentes no mundo e nos humanos. Quando a entendemos assim conseguimos conectá-la com o sentido da mensagem messiânica de Cristo e a força constitutiva de sua missão. Sempre foi desta maneira que os verdadeiros discípulos de Cristo entenderam e entendem, praticaram e praticam a sua mensagem.

Sabemos que os recursos transformadores de Deus são sempre inesgotáveis, quanto é eterna a sua misericórdia e o seu amor. Sua força de vida foi e é grande e fecunda, capaz de vencer até mesmo o último inimigo, que é a morte. Para nós, humanos, porém, tantas vezes aparecem situações de morte e destruição, maldades e desalentos, que nos deixam impotentes e sem perspectivas. Humanamente se tem a impressão de que todos os recursos terminaram.

É diante e dentro desta realidade de pecado e morte que carregamos conosco, que necessitamos situar o rosto verdadeiro da misericórdia de maneira nova. "O mistério pascal é o ponto culminante da revelação e atuação da misericórdia, capaz de justificar o homem e de restabelecer a justiça como realização dos projetos de Deus [...]. Cristo, ao sofrer, interpela a todos para descobrirmos nele a eloquência da solidariedade com o destino humano, bem como a harmoniosa plenitude da dedicação voltada à causa do homem, à verdade e ao amor" (São João Paulo II).

Se nos debruçarmos e contemplarmos os encontros de Jesus com as mais complexas situações humanas e observarmos sua ação misericordiosa diante do mal, sempre o vemos libertando o bem e a vida de todas as formas de mal e de morte. Desde que a misericórdia de Cristo tenha sido acolhida por alguém, ninguém fica igual ou pior, mas todos e todas ressuscitam para a vida e o bem. Lembremos Maria Madalena, a Samaritana, Mateus, Zaqueu, os possessos, doentes e considerados amaldiçoados, os apóstolos e os santos de todos os tempos.

Como aconteceu para estes e estas que acolheram a misericórdia de Cristo e que se tornaram agentes da misericórdia, vencendo "o mal com o bem", assim somos chamados também a fazer o mesmo. Em nome da misericórdia não podemos nos conformar que um mal vá gerando outro mal pior, que se crie um círculo vicioso de decadência, em que a vida se veja ameaçada de todos os lados. Se surge um mal, em nome da misericórdia, precisamos encontrar um modo de vencê-lo pelo bem.

ORAÇÃO

Senhor, vossa misericórdia não tem limites, porque a medida de vosso amor é amar sem medida. O alcance de vossa ação amorosa chega ao ponto de tirar o bem do mal e tudo transformar. A maior prova que nos destes se confirmou no último inimigo a ser vencido: a morte de vosso Filho. Sua ressurreição tirou a vida da morte, a luz das trevas e transformou o medo em coragem. Aos apóstolos reunidos no cenáculo, comunicastes a paz e os encarregastes de serem agentes da misericórdia e do perdão. Senhor, existem tantos cenários de morte que agridem a humanidade e a natureza! Dai-nos a força transformadora de vosso Espírito. Que vossa misericórdia, unida à nossa, consiga tirar o bem do mal para um futuro mais condizente com vossos planos de amor. Amém!

IGREJA DA MISERICÓRDIA

Tão logo escrevemos a palavra Igreja, ou a pronunciamos, parece saltar no imaginário uma realidade que interessa aos outros. Por muitos motivos reais, fomos nos acostumando a pensar e até tratar a Igreja como uma instituição distante, feita de padres, religiosos, bispos e o Papa. E o pior de tudo acontece quando, até nós, padres e religiosos, achamos que Igreja se reduz ao Vaticano, à diocese, à paróquia ou a uma ordem ou congregação religiosa.

Se o rosto da misericórdia do Pai é Cristo, também nós, os batizados, somos chamados a ser o rosto da misericórdia de Cristo no mundo. Creio que, aos poucos, vamos nos acostumando a nos identificar com o "povo de Deus", na alegre responsabilidade de sermos também Igreja da misericórdia. "A credibilidade da Igreja passa pela estrada do amor misericordioso e compassivo. A Igreja vive um desejo inexaurível de oferecer misericórdia. Talvez, demasiado tempo, nos tenhamos esquecido de apontar e viver o caminho da misericórdia" (*Misericordiae Vultus*, 10).

Nós, homens e mulheres da Igreja, necessitamos formar nossas mentes com muitos e bons conceitos de teologia global. O saber intelectual e toda proposta objetiva do magistério da Igreja fazem parte de um caminho a ser percorrido. Nem o discurso da Igreja nem seus planejamentos pastorais podem ser improvisados, nem inventados ao bel-prazer. Para isso, toda a Igreja se vê sempre mais necessitada de formação.

No entanto, toda formação, por mais correta e eficiente que seja, se não for acompanhada pelo exercício da misericórdia, passará longe das multidões cansadas e abatidas como ovelhas sem pastor. Para a Igreja não faltam documentos, nem bibliotecas, nem escolas. O Papa Francisco está mostrando para a Igreja e o mundo a profecia da misericórdia, não só com o seu saber e a doutrina, mas especialmente com seus gestos de proximidade, empatia e acolhimento. Seu coração está abrindo a Igreja para a humanidade.

A porta de uma nova Igreja para novos tempos é a porta da misericórdia. "A Igreja proclama a verdade da misericórdia de Deus, revelada em Cristo crucificado e ressuscitado, e proclama-a de várias maneiras. Procura também praticar a misericórdia para com os homens por meio dos homens, como condição indispensável da sua solicitude por um mundo melhor e *mais humano*, hoje e amanhã" (São João Paulo II).

A missão misericordiosa da Igreja, hoje, situa-se plenamente na tradição. A Igreja sempre precisou ser misericordiosa. Porém, hoje se faz urgente renová-la e torná-la visível e ativa em nossa situação. Deus não cansa de ser misericordioso, nem a Igreja pode cansar. Há problemas pastorais da Igreja que precisam ser vistos e trabalhados com urgência para que não avance a cultura da morte que tende a multiplicar seus prejuízos à vida e às esperanças da humanidade.

A cultura da indiferença e a compulsão do consumismo, que vai tornando a vida humana e a vida do planeta Terra descartáveis, clamam por misericórdia para serem substituídos pela cultura da dignidade, solidariedade e justiça.

ORAÇÃO

Ó Pai da misericórdia, em vossa presença exponho o meu coração para estar tão próximo de vós quanto vós estais de mim. Reconheço que faço parte de um povo e de um projeto de salvação que vai além de mim, porque o estabelecestes na medida de vosso amor. Senhor, sei que, pelo Batismo, somos vossa Igreja. Vinde ao nosso encontro com entranhas de bondade e misericórdia. Fazei aliança conosco, como um Esposo apaixonado e fiel. Nesta aliança estão todos os povos e todos os tempos da história. Que a presença restauradora do vosso Espírito conceda um novo vigor à Igreja em nossos dias, para que sejamos misericordiosos como vós sois misericordioso. Como nunca, sentimos a dor do vosso Reino em gestação. Como no passado, muitos profetas são mortos. Como no Egito, há homens e mulheres escravos. Como no exílio, povos sofrem exclusão e vivem errantes. Senhor, somos chamados a ser Igreja da misericórdia. Inspirai-nos novas linguagens para evangelizar com alegria e eficácia. Revigorai toda a Igreja com o sopro dos carismas e confirmai vosso povo no serviço pastoral, profético e sacerdotal. Amém!

SALVE, MÃE DA MISERICÓRDIA!

Na experiência humana familiar, a relação filial e maternal nos ajuda a situar o realismo da misericórdia. Para a mãe, o filho é tão amado quanto mais sente que ele é parte de sua vida. Quanto mais sofrido, será tanto mais amado. Para o filho, a mãe é tão compassiva e misericordiosa quanto mais se sente acolhido, compreendido e atendido em suas alegrias e sofrimentos, conquistas e derrotas. A misericórdia materna é um componente natural e especial do coração da mãe geradora de vida.

Imaginemos Maria, Mãe da misericórdia. Além de humana que era, cultivava a amplidão da maternidade pela fé e a obediência à Palavra de Deus. Quando Jesus perguntou: "Quem é minha mãe e quem são meus irmãos?", certamente já confirmava a maternidade de Maria, muito além dos laços de sangue, também nos laços do espírito. A maternidade de Maria, longe de distanciá-la da humanidade, a tornou definitivamente misericordiosa.

Se o coração da mãe é uma constante oferenda de amor a seus filhos, o coração de Maria é a mais evidente expressão materna do coração de Deus à humanidade. "Ninguém, como Maria, conheceu a profundidade do mistério de Deus feito homem. Na sua vida, tudo foi plasmado pela presença da misericórdia feita carne. A Mãe do Crucificado Ressuscitado entrou no santuário da misericórdia divina, porque participou intimamente no mistério de seu amor" (*Misericordiae Vultus*, 24).

Na bula de proclamação do jubileu extraordinário da misericórdia, o Papa Francisco apresenta Maria como Mãe da misericórdia desde sua escolha pelo amor do Pai, sua permanente sintonia com o Filho em sua vida e missão, e, especialmente, ao pé da cruz, onde partilha o perdão de seu Filho que a faz Mãe da humanidade, representada em João. Francisco também nos convida a rezar o Salve-Rainha, para que Maria não se canse de volver o seu olhar misericordioso para nós e nos faça dignos de contemplar o rosto da misericórdia, seu Filho Jesus.

Falando da oração Salve-Rainha, busquei conhecer sua origem e notei que não é apenas fruto de uma devoção, mas brota de uma vida marcada por uma experiência de total miserabilidade e sofrimento. Pelo ano mil, o monge beneditino Germano, estando fisicamente inutilizado com reumatismo e com dores atrozes, arrastando-se do quarto à capela, ia dialogar com a imagem de Maria. Foi ali que, de palavra em palavra, foi compondo esta tradicional oração que brota da miséria e entra em sintonia com a misericórdia da Mãe.

O monge não conseguiu concluir. Estava escrevendo: "Depois deste desterro, mostrai-nos Jesus...", quando a morte o levou. Sabe-se que São Bernardo a concluiu e hoje continuamos rezando-a dentro de nossas experiências humanas mais diversas no dia a dia de nossas provações. Sentimo-nos confortados ao saber que a Mãe da misericórdia continua em sintonia com seus filhos e nós temos uma Mãe atenta e acolhedora. Salve Rainha, Mãe da misericórdia!

ORAÇÃO

Salve, Rainha, Mãe de misericórdia, vida, doçura e esperança nossa, salve! A vós bradamos, os degredados filhos de Eva. A vós suspiramos, gemendo e chorando neste vale de lágrimas. Eia, pois, Advogada nossa, esses vossos olhos misericordiosos a nós volvei e, depois deste desterro, mostrai-nos Jesus, bendito o fruto do vosso ventre, ó clemente, ó piedosa, ó doce sempre Virgem Maria. Rogai por nós, Santa Mãe de Deus, para que sejamos dignos das promessas de Cristo.

CANÇÕES REFERENTES À MISERICÓRDIA

1. Misericordiosos como o Pai (Lc 6,36) • BRCMP1500787

Lema do Ano Santo da Misericórdia
L. / M.: Frei Luiz Turra

"Misericordiosos como o Pai."
Amém, amém, amém!

O Pai nos pede para não julgar;
Também nos pede pra não condenar,
Mas sempre, sempre perdoar o irmão,
Dando-lhe amor, jamais condenação.

Jesus, o Filho, como bom Pastor,
Acolhe aos braços todo pecador.
Tamanho amor se prostra ao nosso chão,
Erguendo a vida com o seu perdão.

A humanidade aos ombros de Jesus,
Confunde ao dele o seu olhar de luz.
Fora da noite vem nos conduzir,
Vencendo a morte vem nos redimir.

Solos: Marcelo Mattos, Ana Paula Ramalho e Jonas Rodrigues

2. Igreja da misericórdia • BRCMP1500788

Baseado na bula *Misericordiae Vultus*, nn. 10, 12
L. / M.: Frei Luiz Turra

Somos chamados a ser Igreja da misericórdia,
Paz e perdão promover lá onde existe discórdia.
Deus providente estará sempre presente na história.
A Igreja Mãe deverá viva tornar sua memória.

Igreja misericordiosa, Igreja servidora,
Igreja de portas abertas, Igreja acolhedora.

A Igreja tem por missão propor o Evangelho do amor;
Dar luzes de salvação, para encontrar o Senhor.
Novo caminho trilhar de volta à casa do Pai;
Misericórdia irradiar, pois este amor nos atrai.

3. Mãe da misericórdia • BRCMP1500789

Baseado na bula *Misericordiae Vultus*, n. 24
L. / M.: Frei Luiz Turra

Mãe da misericórdia, cremos pensando em ti!
Queres nossa concórdia, em nosso mundo, aqui!

Nós confiamos em teus cuidados
E na doçura do teu olhar!
Andas conosco, ao nosso lado,
Para teu Filho sempre indicar.

Mãe que viveste profundamente
E revelaste o amor de Deus,
Ó Mãe da Igreja, estás presente,
És protetora dos filhos teus.

Mãe mediadora da humanidade,
Amas a todos na compaixão.
Corredentora, a ti clamamos:
Roga a teu Filho por nós perdão.

Crucificado, tu viste o Filho,
Com ele uniste a tua dor.
Ressuscitado, ressuscitaste,
És Mãe da glória, és Mãe do amor.

4. O rosto da misericórdia • BRCMP1500790

Baseado na bula *Misericordiae Vultus*
L. / M.: Frei Luiz Turra

"Jesus Cristo é o rosto da misericórdia do Pai"

Neste tempo de grandes mudanças,
O essencial precisamos olhar,
Despertando uma nova confiança,
Que a promessa de Deus vem nos dar.

Vem da Páscoa a missão para a Igreja:
Ser do Pai instrumento e sinal.
Aos que sofrem e aos sem esperança,
Que o amor os liberte do mal.

Ao perdido que foi procurado
Por Jesus nosso Mestre e Pastor,
Na alegria por tê-lo encontrado,
Em seus ombros exalta o amor.

Tempo vivo de misericórdia:
É o Senhor que nos vem transformar!
Boa-Nova de paz e concórdia,
Poderemos ao mundo anunciar.

Quanta gente aguardando uma ajuda,
Para em Deus sua vida mudar.
O perdão do Senhor sempre muda
A quem busca se reconciliar.

Solos: Marcelo Mattos e Edicléia Tonete

5. Parábola de quem é perdoado e não perdoa • BRCMP1500791

Mt 18,21-35
L. / M.: Frei Luiz Turra

Quantas vezes eu devo perdoar, se pecar contra mim meu irmão?
Sete vezes me basta lhe dar, meu sincero e justo perdão?
Sete vezes setenta, sem fim! É o perdão ensinado por mim.

Como um rei, é o Reino dos céus
Que suas contas começa acertar.
Chega um servo, empregado que é seu,
Com enorme fortuna a pagar.

Com seus filhos, seus bens, sua mulher,
Como escravo é mandado vender.
"Tem paciência comigo, Senhor!",
Vou cumprir logo mais meu dever.

Mas o rei resolveu perdoar.
Nada mais lhe restava a pagar.
Com piedade de um bom coração
O liberta, por ter compaixão.

No caminho, um amigo encontrou.
Lhe devia pequena porção.
Sufocado, piedade clamou
e o impiedoso o levou à prisão.

Perdoado, não quis perdoar!
Sabe o rei e o manda chamar,
Por não ter compaixão castigou
E sua conta a pagar o forçou.

Nosso Pai, que é justiça e amor,
Faz igual, como fez o senhor.
Se clamarmos por nós o perdão,
É dever perdoar nosso irmão.

Solos: Jonas Rodrigues, Ana Paula Ramalho e Marcelo Mattos

6. Eterna é a sua misericórdia (Sl 136) • BRCMP1500792

Ladainha motivada pela *Misericordiae Vultus*, n. 7
M.: Frei Luiz Turra

Demos graças ao Senhor, porque ele é bom:
Porque eterna é a sua misericórdia!
Demos graças ao Senhor, Deus dos deuses:
Porque eterna é a sua misericórdia!
Demos graças ao Senhor dos senhores:
Porque eterna é a sua misericórdia!

Somente ele é que fez grandes maravilhas:
Porque eterna é a sua misericórdia!
Ele criou o firmamento com saber:
Porque eterna é a sua misericórdia!
Estendeu a terra firme sobre as águas:
Porque eterna é a sua misericórdia!

Ele criou os luminares mais brilhantes:
Porque eterna é a sua misericórdia!
Criou o sol para o dia presidir:
Porque eterna é a sua misericórdia!
Criou a lua e as estrelas para a noite:
Porque eterna é a sua misericórdia!

Solos: Edicléia Tonete, Ana Paula Ramalho e Jonas Rodrigues

7. Eu quero misericórdia • BRCMP1500793

Mateus 9,13; Salmo 50
L. / M.: Frei Luiz Turra

Eu quero misericórdia e não o sacrifício,
Pois não vim chamar os justos, e sim os pecadores.

Tende piedade, ó meu Deus misericórdia!
Na imensidão de vosso amor purificai-me
Lavai-me todo inteiro do pecado
E apagai completamente a minha culpa.

Eu reconheço toda a minha iniquidade,
O meu pecado está sempre à minha frente.
Foi contra vós, só contra vós que eu pequei
E pratiquei o que é mau aos vossos olhos.

Mostrais assim quanto sois justo na sentença,
E quanto é reto o julgamento que fazeis.
Vede, Senhor, que eu nasci na iniquidade
E pecador já minha mãe me concebeu.

Mas vós amais os corações que são sinceros,
Na intimidade me ensinais sabedoria.
Aspergi-me e serei puro do pecado
E mais branco do que a neve ficarei.

Solos: Edicléia Tonete e Jonas Rodrigues

8. Sede misericordiosos como o Pai • BRCMP1500794

Lucas 6,27-38
M.: Frei Luiz Turra

*Sede misericordiosos,
como o vosso Pai é misericordioso!* (Lc 6,36)

Amai os vossos inimigos,
Fazei o bem aos que vos odeiam.
Abençoai os que vos amaldiçoam.
Orai por aqueles que vos injuriam.

Vós, porém, amai os vossos inimigos,
Fazei o bem e emprestai, sem nada esperar em troca.
Então será grande a vossa recompensa
    e sereis filhos do Altíssimo,
Que é bom até para os ingratos e maus.

Não julgueis e não sereis julgados.
Não condeneis e não sereis condenados.
Perdoai e sereis perdoados.
Dai e vos será dado.

Solo: Renato Palão

9. Felizes os misericordiosos • BRCMP1500795

M.: Frei Luiz Turra

*Felizes os misericordiosos,
porque encontrarão misericórdia!* (Mt 5,7)

Cantarei eternamente as misericórdias do Senhor
E para sempre proclamarei sua fidelidade.
Vós dissestes: "A bondade está estabelecida para sempre",
No céu permanece firme a vossa fidelidade (Sl 89,2-3).

O Todo-Poderoso fez em mim maravilhas:
Santo é seu nome.
A sua misericórdia se estende de geração em geração
Sobre aqueles que o temem (Lc 1,49-50).

Deus é rico em misericórdia
Pela grande caridade com que nos amou,
Restituiu-nos a vida com Cristo
E com ele nos ressuscitou (Ef 2,4-6).

Bendito seja Deus, Pai de Nosso Senhor Jesus Cristo,
Pai de misericórdia e Deus de toda a consolação.
Ele nos conforta em todas as nossas tribulações,
Para podermos consolar aqueles que estão atribulados
(2Cor 1,3-4).

Solos: Jonas Rodrigues e Ana Paula Ramalho

10. São Francisco e a misericórdia • BRCMP1500796

Inspirado no Testamento de São Francisco 1-3
L. / M.: Frei Luiz Turra

Foi a mim que o Senhor concedeu
Começar penitência fazer.
Era amargo um leproso encontrar.
Em pecado eu estava a viver.

"Eu te louvarei, Senhor, em meio a toda a gente,
Pois tua misericórdia em tudo está presente!"

Mas o próprio Senhor conduziu
Frei Francisco em sua conversão.
Com leprosos tão logo sentiu
A doçura em seu coração.

Teve misericórdia, então,
Como o Pai, compassivo se fez.
Pelas obras e em sua pregação
Acolhia os sem-voz e sem-vez.

Vê mudar na raiz seu olhar.
Passa a ver com os olhos de Deus.
Deixa o mundo vazio e sem luz
E prossegue seguindo Jesus.

Solos: Renato Palão e Edicléia Tonete

Ficha técnica:

Produção fonográfica e Editora Musical: Paulinas-COMEP
Coordenação de produção: Ir. Eliane De Prá, fsp
Produção musical: Ir. Ana Paula Ramalho, fsp
Assistente de produção: Ir. Edicléia Tonete, fsp
Arranjos, teclados, prog. eletrônica e direção de voz: Renato Palão
Violão: Maercio Lopes
Coro: Ana Paula Ramalho, Edicléia Tonete, Jonas Rodrigues, Marcelo Mattos e Verônica Firmino
Gravação e mixagem: Alexandre Soares
Assistente de estúdio: Vanderlei Pena
Masterização: Sun Trip

Gravado e mixado nos Estúdios Paulinas-COMEP

ORAÇÃO OFICIAL DO ANO SANTO DA MISERICÓRDIA

Senhor Jesus Cristo, vós que nos ensinastes a ser misericordiosos como o Pai celeste, e nos dissestes que, quem vos vê, vê a ele. Mostrai-nos o vosso rosto e seremos salvos. O vosso olhar amoroso libertou Zaqueu e Mateus da escravidão do dinheiro; a adúltera e Madalena de colocar a felicidade apenas numa criatura; fez Pedro chorar depois da traição, e assegurou o Paraíso ao ladrão arrependido. Fazei que cada um de nós considere como dirigida a si mesmo as palavras que dissestes à mulher samaritana: Se tu conhecesses o dom de Deus! Vós sois o rosto visível do Pai invisível, do Deus que manifesta sua onipotência sobretudo com o perdão e a misericórdia. Fazei que a Igreja seja no mundo o rosto visível de vós, seu Senhor, ressuscitado e na glória. Vós quisestes que os vossos ministros fossem também eles revestidos de fraqueza para sentirem justa compaixão por aqueles que estão na ignorância e no erro. Fazei que todos os que se aproximarem de cada um deles se sintam esperados, amados e perdoados por Deus. Enviai o vosso Espírito e consagrai-nos a todos com a sua unção para que o Jubileu da Misericórdia seja um ano de graça do Senhor e a vossa Igreja possa, com renovado entusiasmo, levar aos pobres a alegre mensagem, proclamar aos cativos e oprimidos a libertação e aos cegos restaurar a vista. Nós vo-lo pedimos por intercessão de Maria, Mãe de Misericórdia, a vós que viveis e reinais com o Pai e o Espírito Santo, pelos séculos dos séculos. Amém!

TRADUÇÃO DO HINO OFICIAL DO ANO DA MISERICÓRDIA

(Pode ser utilizado como uma oração litânica. Tradução: Frei Luiz Turra)

Rendamos graças ao Pai, porque ele é bom
Eterna é a sua misericórdia!
Criou o mundo com sabedoria
Eterna é a sua misericórdia!
Conduz o seu povo na história
Eterna é a sua misericórdia!
Perdoa e acolhe os seus filhos
Eterna é a sua misericórdia!

Rendemos graças ao Filho, luz das nações
Eterna é a sua misericórdia!
Ele nos amou com um coração de carne
Eterna é a sua misericórdia!
Dele recebemos, a ele nos doamos
Eterna é a sua misericórdia!
O coração se abra a quem tem fome e sede
Eterna é a sua misericórdia!

Peçamos ao Espírito os sete santos dons
Eterna é a sua misericórdia!
Fonte de todos os dons, ó doce alívio

Eterna é a sua misericórdia!
Por ele confortados, oferecemos conforto
Eterna é a sua misericórdia!
O amor espera e tudo suporta
Eterna é a sua misericórdia!

Peçamos a paz ao Deus de toda a paz
Eterna é a sua misericórdia!
A terra espera o Evangelho do Reino
Eterna é a sua misericórdia!
Graça e alegria a quem ama e perdoa
Eterna é a sua misericórdia!
Serão novos o céu e a terra
Eterna é a sua misericórdia!

CONCLUSÃO

Ao concluir esta tarefa que deseja ser uma humilde contribuição a serviço da misericórdia, achei oportuno registrar uma antiga mensagem de um anônimo Árabe. Nesta simples história podemos entender o que significa o desejo humano do amor de Deus e como Deus se antecipa em nos oferecê-lo sempre.

Um homem estava atormentado com o dito "amor de Deus". Um dia, enquanto vagava pelas colinas que rodeavam a sua cidade, encontrou um pastor cuidando de seu rebanho. Este, vendo-o aflito, lhe perguntou: "O que te atormenta, meu amigo?". Respondeu o peregrino: "Sinto-me imensamente só, triste e desolado". O Pastor retrucou: "Eu também estou só, porém não me sinto triste". O peregrino lhe disse: "Talvez seja porque Deus te faça companhia?!". O pastor confirmou: "Meu amigo, tu adivinhaste!". O peregrino lamentou angustiado: "Eu não tenho a companhia de Deus! Não consigo crer no seu amor misericordioso. Como é possível que ele me ame, se estou assim atormentado e sou tão descrente?".

Então o pastor simples, mas muito sábio, continuou: "Amigo, tu estás vendo, lá embaixo a nossa cidade? Vês as casas? Estás vendo as janelas?". O peregrino respondeu: "Estou vendo tudo, sim! Por que desvias o assunto?". O pastor respondeu com toda a doçura: "Meu querido amigo, eu não desviei o assunto! Só quero te dizer que não deves nunca te desesperar. *O sol é um só, mas cada janela da cidade, desde a menor e até a mais escondida, a cada dia é beijada pelo sol. Talvez tu te desesperes porque tens a tua janela fechada*".

Esta lição simples, mas cheia de sabedoria, poderá nos motivar também a uma postura existencial e comunitária em relação à luz do sol da misericórdia de Deus que é eterna, para todos os tempos e todas as pessoas. Uma canção popular nos deixa uma sugestão propícia: "Deixa a luz do céu entrar. Deixa o sol em ti nascer! Abre bem as portas do teu coração e deixa a luz do céu entrar!".

O amor misericordioso é dádiva constante, mas espera que o deixemos entrar e agir. Nada temos a perder, mas tudo a ganhar. Nas muitas indignações que rondam, ressoam em nosso mundo atual, evidenciamos claramente que não somos feitos para a degradação e a decadência, mas para a dignidade e a libertação, nem para as trevas e a solidão, mas para a luz e a fraternidade. Acolhamos com alegria o que nos é proposto pelo Ano Santo extraordinário: "*Sede misericordiosos como o Pai!*".

SOBRE O AUTOR

Frei Luiz Sebastião Turra é natural de Passo Fundo, Rio Grande do Sul. Nasceu a 22 de março de 1945.

Em 1957, ingressou no Seminário Menor dos Freis Capuchinhos, em Veranópolis (RS). Em 1965, emitiu os primeiros votos religiosos na mesma Ordem. No dia 21 de novembro de 1971, foi ordenado presbítero. Durante toda a sua vida sacerdotal, dedicou-se à Pastoral paroquial em Marau, Caxias do Sul, Santa Maria e atualmente em Porto Alegre, no Santuário Santo Antônio.

Na Fraternidade provincial dos Capuchinhos, foi mestre de noviços, conselheiro provincial no setor da Formação dos novos frades. Por dois triênios foi ministro provincial e, atualmente, além de ser pároco é também conselheiro provincial. Por um período foi assessor da música litúrgica da CNBB.

Escreve semanalmente no tradicional jornal *Correio Rio Grandense* e mensalmente na *Revista Família Cristã*. Por Paulinas Editora publicou: *Palavras sagradas de Paulo apóstolo: programas radiofônicos* (2007); *Cura-me, Senhor e serei curado! Programas radiofônicos* (2011); *Vamos participar da missa? Para entender os ritos da missa* (2012).

Durante toda a sua vida religiosa e sacerdotal procurou dedicar-se à música e à liturgia, sempre se envolvendo na prática diária com as comunidades e assessorando cursos com grupos de agentes e comunidades religiosas.

Lançou por Paulinas-COMEP os CDs *Vida agora e sempre*, *Mantras para uma espiritualidade de comunhão*, *Palavras sagradas do Apóstolo Paulo*, *Cura-me Senhor e serei curado*, *Adoremos o Deus da vida*.

Frei Luiz sempre afirma que nada mais deseja do que servir e contribuir na animação da vida de fé.